LOS REFRANES

DE LA ABUELA…

COMENTADOS

Por

Víctor Fernández Castillejo

ISBN: 9781520103068

© 2016 Víctor Fernández Castillejo

Índice

Introducción

< <*Los refranes reflejan la sabiduría popular*> >

Gran parte de mi educación la he adquirido de mi abuela materna: María Cristina Barrón. Entre sus enseñanzas siempre encontrabas un refrán hecho a medida para según qué ocasión.

A lo largo de los años he aprendido refranes de otras personas; en la mayoría de los casos, mujeres de edad avanzada.

Este libro pretende ser un homenaje a todas ellas y a los millones de mujeres que han hecho perdurar la sabiduría popular a través de los años mediante los refranes. También es un modo de difundir el español a través de los refranes.

No pretende ser un libro de refranes más, ya que no están —ni de lejos— todos los que son, pero sí son todos los que están. La idea es presentar algunos de los refranes más populares y *comentarlos* desde la humilde opinión de quien escribe.

La otra pretensión de la obra es que los refranes de estas mujeres perduren con los años y no caigan en el olvido.

No es un libro —ni pretende serlo— que considere propio, ya que muchos de los refranes son anónimos. Es un reconocimiento y pago para esas abuelas que tanto ofrecieron con sus enseñanzas y tan poco reclamaron. A todas ellas: gracias, mil gracias.

< < los refranes son sentencias breves, sacadas de la experiencia y especulación de nuestros antiguos ancianos > >

Miguel de Cervantes (Don Quijote de la Mancha)

Capítulo 1: Refranes Que Empiezan Por A

- *A palabras necias oídos sordos.* En ocasiones hay personas que hablan por hablar —o por no callar— y dicen tonterías o cosas absurdas. Muchas veces sin mala intención y otras con la idea de ofender. Lo mejor ante estos casos es hacerte el despistado o, directamente, ignorar lo dicho.

- *A Dios rogando y con el mazo dando.* Muy propio de aquellos que no predican precisamente con el ejemplo, pero que alardean sobre cómo debe actuarse en ocasiones o ante problemas puntuales. Discrimina quién es un vendedor de humo y quién no lo es.

- *Ande o no ande caballo grande.* Refrán idóneo para quienes adquieren algo con la intención de aparentar o porque el objeto tiene un *"reconocimiento de calidad o estatus"* a nivel social. Recuerda que en estas situaciones no importa el uso, importa la apariencia.

- *A caballo regalado no le mires el diente.* Es de buena educación ser agradecido cuando alguien te obsequia con algo. Aunque el presente no sea para nada de tu agrado. Resérvate para ti la opinión que nadie te ha pedido… o miente. En situaciones como estas está justificado. Quedarás bien con la otra persona y evitarás conflictos no deseados.

- *A beber y a tragar, que el mundo se va a acabar.* Hay que aprovechar el tiempo, ese bien tan preciado que poca gente reconoce de verdad… hasta que es tarde. El tiempo es auténtico oro, el mayor activo del que dispones. Y nunca se recupera; cada día tienes menos.

- *A la luz de la vela no hay mujer fea. No hay mujer fea, sino copas de menos.* Es bastante machista, pero lo he incluido por todos los afiliados al mismo. En esencia, más de uno pecaría con una mujer poco agraciada y en contra de sus predilecciones. Y es de justicia, también, enunciarlo poniendo al género femenino en igualdad de condiciones: *A la luz de la vela no hay hombre feo.* En este caso, permíteme que dude…

- *A mucha hambre, no hay pan duro. Al hambre de siete días, no hay pan duro.* Una de las peores cosas de este mundo es pasar hambre. En situaciones de pobreza y desnutrición, cualquier cosa que te eches a la boca es buena. Trasladando el tema al ámbito en el que estés necesitado, una ayuda que minimice el daño vale su peso en oro. En estos casos las ayudas son importantes; aunque sean de la más baja calidad.

- *A cada puerco le llega su San Martín.* No siempre se da, pero, en numerosas ocasiones, si realizas actos de ética dudosa terminas recibiendo tu merecido castigo. Tus malas acciones te pasarán factura. Ofrece bien y obtendrás bien. Haz el mal y te responderán con mal.

- *A quien no le sobra pan, no crie can.* Error que cometen muchas personas. No nadar en la abundancia y permitirse placeres y caprichos. Ya lo decía mi abuelo: si ganas tres, ahorra dos y gasta uno. No menosprecies la educación financiera y, sobre todo, practícala.

- *A buen sueño no hay mala cama.* La persona que gusta de dormir, es capaz de hacerlo en cualquier posición o circunstancia. ¿Cuántas veces has oído la expresión: "es capaz de dormirse de pie"?

- *A donde el corazón se inclina, el pie camina.* Tus pasiones, tus creencias y tus enseñanzas te hacen ser quien eres y que actúes como lo haces. Por regla general, el corazón manda sobre el cerebro. Nuestras creencias, sentimientos e impulsos nos guían día a día.

- ***Donde te quieren mucho no vayas a menudo.*** Este refrán alerta del peligro de visitar en exceso a familiares o amigos, ya que puedes caer en el error de crear un ambiente aburrido, incómodo y agobiante. Por tanto, visita poco y bien. Más vale poco y bueno, que mucho y malo.

- *A falta de pan, buenas son tortas.* Cuando no dispongas de lo óptimo, disfruta de lo que te puedas permitir. Otros, por desgracia, seguro que no tienen tanta suerte. Hay que valorar más las cosas. Nunca olvides que a este mundo venimos sin nada y nos vamos sin nada.

- *A rey muerto, rey puesto.* En este mundo nadie, nadie, nadie es indispensable. Ni siquiera tú o yo. La tierra seguirá girando cuando no estemos, el sol saldrá cada mañana y la gente seguirá viviendo sus vidas. Como reza la canción de Julio Iglesias: *las obras quedan las gentes se van, otras que vienen las continuarán, la vida sigue igual.*

- *A más honor, más dolor.* Si eres una persona querida o con algún tipo de poder (económico, social, cultural), tendrás más personas compadeciendo tus penurias y lamentando tus problemas. En caso de ser una persona menos apreciada, pasarás estos tragos en soledad.

- **Antes son mis dientes que mis parientes.** Primero mira por ti y los tuyos, y luego… ya hablaremos. Nadie se va a preocupar tanto por tus asuntos como tú mismo. Y nadie puede vivir tu vida por ti. Disfruta cada segundo, ya que no sabes cuánto tiempo vas a estar en este mundo.

- **A pan de quince días, hambre de tres semanas.** No será extraño que en el transcurso de tu vida te topes con alguna dificultad o necesidad extrema. Llegado el momento, todo lo que se te ofrezca o aparezca para mitigar el dolor será bienvenido.

- **A quien madruga Dios le ayuda.** Refrán muy extendido entre la comunidad cristiana y que viene a decirnos que levantarse pronto es una virtud. ¡Vaya! Seguro que más de uno está pensando en esos cinco minutos de más que anhela cada mañana tras oír el despertador. Tú también, bandido.

- **A quien cuida la peseta nunca le falta un duro.** Refrán para ahorradores. Cultiva la sana costumbre del ahorro y en los imprevistos podrás respirar con sosiego y orgullo. Además de ser un homenaje a la histórica peseta, sustituida hace años por el euro.

- **Aceite abundante, buen año por delante.** Todos sabemos del precio de este producto, llamado oro líquido por algunos. Y nada se descubre al decir que el dinero siempre es bienvenido ya que suaviza la mayoría de los problemas mundanos. Muchos de tus problemas están provocados por la falta de dinero. Y lo sabes.

- *A quien dices tu secreto, das tu libertad y estás sujeto.* No cometas el error de difundir tus intimidades a terceros. Estarás corriendo un riesgo innecesario, ya que la acción es irreversible y conlleva más problemas que ventajas. Los secretos inconfesables jamás se comparten.

- *A los tontos no les dura el dinero.* Y además de verdad. En temas monetarios, para administrar un patrimonio correctamente, es imprescindible tener algo de educación financiera. De lo contrario, una suma interesante de dinero puede durar un suspiro en manos de quien no controla sus gastos. Aprende a usar y a ganar dinero.

- *Al pájaro de paso, escopetazo.* Las oportunidades ventajosas que tengas en la vida debes aprovecharlas. Nunca se sabe si volverás a disfrutar de ellas en el futuro. Aprovecha el momento. Deja el miedo a un lado y *carpe diem.*

- *Atajar en principio el mal procura, porque si echa raíz peor es la cura.* Debes ser valiente y enfrentarte a los problemas que se crucen en tu camino desde el primer momento para evitar que se agraven. Si titubeas, el problema crecerá o incluso puede que llegue un momento en el que ya no tenga solución.

- *Amar y no ser amado es tiempo mal empleado.* En toda relación de pareja, consanguinidad o amistad hay uno que aporta más que otro. Siempre uno quiere más. Siempre. El amor es una de las pocas cosas en esta vida que no se compra. O te aman o no. No pierdas el tiempo con aquellos que no merecen tu amor.

- *Arrieros somos y en el camino nos encontraremos.* En algún momento necesitarás ayuda de otros y puede que no te la ofrezcan. El tiempo ofrece siempre segundas oportunidades para desquitarte de los agravios o malas acciones de terceros hacia tu persona. Ten paciencia y verás llegar tu oportunidad.

- *A todos les llega su momento de gloria.* Aunque sea una vez en la vida, pero disfrutarás de ser el protagonista del momento —para bien o para mal— con total seguridad. Cada persona disfruta de esta vivencia, al menos, una vez en la vida.

- *Abundancia y soberbia andan en pareja.* Bueno, como en todo, siempre hay excepciones. No obstante, es raro encontrar una persona rica y humilde. Reconoce que no es lo habitual.

- *Al buen pagador no le duelen prendas.* Si estás convencido de alcanzar tus metas, no tendrás reparo en aportar un aval o garantía por ello. Muy apropiado para las personas emprendedoras, valientes y decididas.

- *A perro flaco todo son pulgas.* Las personas desdichadas, los más desvalidos, los abatidos, los pobres, suelen ver crecer sus problemas. Sufren el efecto llamado "reacción en cadena". ¡Todo me pasa a mí! —suelen expresar.

- *Al freír será el reír (y al pagar será el llorar).* Sé previsor y sensato. Todo tiene un precio. No gastes excesivamente para lograr un placer que luego te reportará quebraderos de cabeza o disgustos innecesarios. Analiza las circunstancias desde todas sus perspectivas. No hipoteques tu vida.

- ***Al que no quiera caldo taza y media.*** Acepta las cosas de la vida como vienen. De lo contrario, puede que recibas el doble o triple —por ejemplo— de aquello no deseado.

- ***Aquellos polvos traen estos lodos.*** Evita el desorden, los descuidos o errores que te harán padecer males eludibles. No seas impetuoso. Puede que termines pagando en el futuro tus errores del pasado. Si puedes evitarlos, evítalos.

- ***Antes se pilla a un mentiroso que a un cojo.*** No mientas, no es tarea fácil. Pueden pillarte en un renuncio, contradicciones o inexactitudes en tus declaraciones. Ya sabes: las mentiras tienen las piernas cortas.

- ***Acogí al ratón en mi agujero y volvióseme heredero.*** Desconfía de aquel que puede abusar de tu confianza con el paso del tiempo. Todo sea que termines con una mano delante y otra detrás en detrimento del sujeto al que otorgaste tu amistad y la traicionó. ¡Al loro! Hay mucho buitre suelto.

- ***A buena hambre no hay pan duro, ni se moja en vino puro.*** Si por desgracia estás en situación de pobreza, confórmate con lo que te ofrezcan o tengas. No pongas reparo y siéntete afortunado por tener algo con lo que poder subsistir.

- *A cada pajarillo le gusta su nidillo.* Todo el mundo tiene gran estima a su casa, su ciudad, su país, independientemente de la condición social, cultural o económica que posea. Tú también tienes esos sitios únicos que consideras tuyos y te hacen sentir bien.

- *A la cama no te irás sin saber una cosa más.* Cada día aprendes algo nuevo, por poco que parezca. Abre los ojos y empápate de la enorme información que circula a diario por el mundo.

- *Amor con amor se paga; y lo demás con dinero.* El amor no se puede comprar, exige una correspondencia. O se quiere o no. Es una de las pocas cosas en esta vida auténticas. Por cierto, no confundas amor con sexo.

- *Amigo que no da y cuchillo que no corta, si se pierden poco importa.* No seas egoísta con tus amigos. La amistad conlleva ser generoso, compartir. No importa perder la amistad de quien no está dispuesto a compartir lo suyo.

- *A enemigo que huye, puente de plata.* Sé inteligente; evita a tus enemigos en la medida de lo posible. Si tu oponente abandona la lucha, facilítale la huída y disfruta a partir de ese momento del anhelado sosiego. Y cuanto más lejos se vaya, mejor.

- *Amor no respeta ley, ni obedece a rey.* El amor es un sentimiento loco que obedece a sus propias reglas. Por cierto, unas reglas indescifrables y propias para cada persona. No todo el mundo ama igual.

- ***Aunque la mona se vista de seda, mona se queda.*** Ya puedes ser agraciado por naturaleza. De lo contrario, por mucho que te emperifolles, maquilles o retoques, seguirás con el aspecto heredado de tus progenitores.

Capítulo 2: Refranes Que Empiezan Por B

- *Borra con el codo lo que escribe con la mano.* Hay personas que afirman o sostienen diversas tesis con vehemencia y luego, a la mínima de cambio, se desdicen o manifiestan en el sentido contrario. No seas chaquetero y mantente firme. Sé fiel a tus convicciones.

- *Buen amor y buena muerte, no hay mejor suerte.* Dos de las cosas que más anhela la mayoría de las personas: vivir un amor maravilloso y tener una muerte dulce e indolora. ¿Firmarías ahora mismo? Yo, desde luego, sí. Todos conocemos personas que nos han dejado tras un suspiro y otras que han muerto tras una terrible agonía.

- *Boca sin muelas es como molino sin piedra.* Gráfico y cierto como la vida misma. Una cosa sin su esencia deja de tener sentido para lo que fue creada. Busca las cosas y las personas auténticas.

- *Bueno y barato no caben en un zapato.* Sí puedes encontrar cosas buenas, bonitas y baratas —como reza mucha gente—, pero la gran mayoría de las veces lo bueno, lo muy bueno, no es barato.

- *Barriga llena no cree en hambre ajena.* Si tienes tus necesidades cubiertas, no sueles preocuparte mucho por las penurias de terceros. Cuando se vive una mala situación es más fácil tener empatía con otra persona que también pasa por malos momentos.

- *Buenos y malos martes, los hay en todas partes.* Así es. No hay zonas idílicas donde no existen los problemas. Habrá lugares con mayor sosiego que otros, pero no por ello estarán exentos de inconvenientes. Todo el mundo tiene problemas.

- *Buena gente tiene el conde si no se esconde.* Si eres una persona que camina por la vida con respeto y la verdad por delante, serás apreciado por la gente de bien que te rodea.

- *Bocado de mal pan, ni lo comas ni lo des a tu can.* No quieras para otros lo que tampoco deseas para ti. Que nadie diga jamás que tienes pelos en el corazón. Conmuévete, muestra tus sentimientos.

- *Buen amigo es el gato cuando no araña.* Recuerda esto: nunca tendrás mayor enemigo que un antiguo amigo que dejó de serlo. Todos somos buenos... hasta que nos encuentran.

- *Bebido con buenos amigos sabe bien cualquier vino.* La buena compañía es algo necesario para disfrutar de buenos momentos. Un evento, una celebración, una fiesta, una comida o cena puede ser un goce o un tormento, dependiendo del grupo de personas que te acompañen. ¿Sabes bien de lo que hablo, verdad?

- *Bendita la aceitera que da para casa y para fuera.* Da gracias si vives en la abundancia y puedes hacer que otros también vivan con holgura. Si tienes la suerte de poseer un activo que te proporciona beneficios, cuídalo y protégelo.

- *Bueno es pan duro, cuando es seguro.* Siéntete afortunado cuando no tienes mucho, pero puedes permitirte vivir sin agobios excesivos. Cuando cubres tus necesidades básicas y las de los tuyos has alcanzado un gran logro. No arriesgues lo básico, lo esencial.

- *Buen porte y buenos modales abren puertas principales.* Una adecuada presencia y palabras amables te facilitarán las cosas en el trato social, cualidad indispensable con el fin de conseguir los contactos necesarios para alcanzar tus objetivos.

- *Barriga llena, corazón contento.* Con las necesidades básicas cubiertas y pocos problemas a tus espaldas —es muy difícil vivir sin ningún tipo de problema; todo el mundo tiene alguno—, vivirás feliz o estarás cerca de ello.

- *Bastante colabora quien no entorpece.* Efectivamente. Si te encuentras entre echar o no una mano a alguien, piensa primero en lo valioso de tu aporte. Todo sea que más que sumar termines restando en los propósitos de esa persona que tanto aprecias.

- *Bien está lo que bien acaba.* Algo está bien cuando está terminado. No pierdas el tiempo en detalles para perfeccionar un trabajo, un cometido, si corres el riesgo de no finalizarlo. Prioriza tareas y objetivos.

- *Boca de verdades, cien enemistades.* Me gustan las personas que dicen las verdades a la cara. Pero debes saber que si eres excesivamente sincero, terminarás con más enemigos de los deseados. Incluso con enemigos que hasta ese momento considerabas amigos.

- ***Borrón y cuenta nueva.*** Me lo debería aplicar más a menudo en muchas facetas de la vida que me hacen sufrir. Cuando una relación, una amistad, un amor, un negocio no funciona, parece más inteligente dejarlo a un lado y… a otra cosa mariposa.

- ***Buena es la pelea ganada, pero es mejor la evitada.*** Sin duda alguna. Evita la violencia física salvo en situaciones extremas donde tu integridad —o la de tus seres queridos— corra peligro. Lo mismo cabe decir de las pugnas no físicas. Los conflictos, cuanto más lejos, mejor.

Capítulo 3: Refranes Que Empiezan Por C

- *Cada maestrillo tiene su librillo.* No tengas duda alguna: cada persona tiene su forma de hacer las cosas, de pensar y de actuar. Somos diferentes, somos iguales.

- *Cuando las barbas de tu vecino veas cortar pon las tuyas a remojar.* En la vida es bueno ser precavido. Debes aprender de aquello que les sucede a tus semejantes —los más semejantes a ti en trato y condición— para no cometer los mismos errores o evitar posibles males. Mantente alerta.

- *Cera que va delante alumbra primero.* O lo que es lo mismo, *lo que va delante, va delante.* Aquello realizado con antelación siempre es una ventaja o, al menos, lo parece.

- *Cada uno en su casa, y Dios en la de todos.* Es imprescindible separar espacios en el día a día. Cada persona necesita su intimidad, su espacio vital donde poder expresarse libremente, sin reprimendas, exhortaciones o agobios. Respeta el espacio de las personas como desees que respeten el tuyo.

- *Cuando el grajo vuela rasante echa mano de bufanda y guante.* La naturaleza es sabia. Observando el comportamiento del mundo animal podrás predecir la situación climática inmediata.

- *Cada uno es de su padre y de su madre.* No pretendas que los demás piensen o vean las cosas como tú las ves. Respeta las ideas de quienes no piensan como tú y, al menos, espera ser correspondido.

- *Con queso y vino se anda camino.* Si tenemos lo esencial, lo demás no importa. Todo llegará. No obstante, siempre son necesarias unas pautas para conseguir ciertas metas.

- *Cada uno habla de la feria según le va en ella.* Ante los problemas que surgen en la vida, cada uno de nosotros aportamos nuestra opinión o visión, dependiendo de cómo lo interpretamos o de la repercusión, influencia, que el mismo ejerce sobre nosotros. Tus opiniones serán unas u otras dependiendo de tus problemas.

- *Cada uno sabe dónde le aprieta el zapato.* Nadie mejor que tú para saber qué cosas no soportas, te molestan o incluso odias. Cada persona sabe sus virtudes, defectos, puntos fuertes y puntos débiles.

- *Chancho limpio nunca engorda.* Nunca lo olvides: para obtener aquello que deseas deberás sacrificarte. Siempre es necesario un esfuerzo o sacrificio para alcanzar un logro importante.

- *Con maña, caza la mosca a la araña.* La inteligencia te hará avanzar más que la fuerza. Cultiva el cuerpo, la mente y el alma, pero cuida especialmente la mente. Sin ella no somos nada… ni nadie.

- *Cada uno tiene lo que se merece.* No lo olvides nunca: tú creas tu futuro y decides tu camino en la vida. Muchas veces —por no decir casi siempre—, obtienes lo que te mereces por tus actos o por actos que dejas de hacer.

- ***Cría fama y échate a dormir.*** Consigue parecer o aparentar lo que no eres y deja que otros amplíen tu leyenda. La sensación de poder —sin ser nadie— es inmensa.

- ***Comer hasta enfermar y ayunar hasta sanar.*** Pon freno a tu apetito o enfermarás seguro. Deja a un lado el pecado capital de la gula. Si persistes en comer demasiado, deberás guardar ayuno para recuperar la salud. No falla.

- ***Cuando más viejo, más pellejo.*** Controla tu genio y tus manías. Con el paso de los años tus manías y defectos se vuelven más visibles y extremos.

- ***Con el roce, nace el cariño.*** Puede que te cruces en la vida con personas que, en un primer momento, no despierten grandes pasiones en tu persona, pero que con el tiempo y la relación terminen siendo parte importante en tu vida.

- ***Cada cosa a su tiempo.*** Debes actuar oportunamente dependiendo del momento o la oportunidad. Refrán muy adecuado para los inoportunos, impacientes o atrevidos.

- ***Cualquier tiempo pasado fue mejor.*** A medida que pierdes la juventud, perderás esas experiencias únicas de dicha etapa. Hay circunstancias, vivencias y costumbres de tu pasado que nunca dejarán de ser memorables.

- ***Comida hecha, compañía deshecha.*** Refrán indicado para quienes apartan o se alejan de un amigo, una vez se han aprovechado de él o lo han usado para obtener una meta.

- *Con el tiempo y la paciencia se adquiere la ciencia.* Seguro que posees muchas cualidades, pero la de ser paciente podrá ahorrarte más de un disgusto en esta vida y, por el contrario, te reportará mayor número de alegrías.

- *Cada loco con su tema.* Cada persona tiene sus preferencias, manías o intereses y ni tú ni yo somos distintos en este aspecto. Es por ello que cada persona tiene algo de loco con sus pasiones, ideas, aspiraciones y aficiones.

- *Consejo es de sabios perdonar injurias y olvidar agravios.* No olvides las ofensas y los agravios para saber que no debes permitírselos a quienes con ellos desean dañarte, pero perdónalos en la medida de lo posible.

- *Consejo no pedido, consejo mal oído.* No des consejos si no te lo piden. Evita ser una de esas personas que dan su opinión o la imponen sin la menor pizca de empatía o respeto.

- *Cuando el gato no está, los ratones bailan.* Por algo existe la figura del jefe o superior en las empresas. Si quien manda baja la guardia, los subordinados se tomarán bastantes libertades. Y en tiempo récord.

- *Contra el vicio de pedir, la virtud de no dar.* Conocerás a personas que siempre te buscan para pedirte favores. Diré aún más: sólo te buscan para pedirte favores. El mejor remedio: evitar ser útil con excusas o evasivas.

- *Cuando la fuerza manda, la ley calla.* En situaciones extremas serás capaz de hacer o decir cosas inaceptables, incluso delinquir. Si te encuentras en una situación límite, serás capaz de sacar lo peor de ti.

- *Cuanto más tienes más quieres.* Difícil corregir la insaciabilidad de algunas personas. Evita ser avaro y practica la generosidad. No es más rico quien más tiene, sino quien menos necesita.

- *Con locos, niños y putas, no negocies ni discutas.* Evitaré hacer juicios de valor, aunque el refrán lo merezca. En definitiva, no intentes discutir con quienes jamás hacen autocrítica o no tienen capacidad para ello; ganarás en salud.

- *Cuando el río suena, agua lleva.* Los rumores —cuando provienen de diversas fuentes— suelen estar basados en fundamentos y, por tanto, resulta más fácil su afirmación.

- *Cumpla yo y tiren ellos.* Dedícate a tus obligaciones y no repares en las ajenas. Cada uno debe hacer frente a sus responsabilidades. Cada palo que aguante su vela.

- *Casa donde no hay hijos, ni penas ni regocijos.* Las mayores penas y las mayores alegrías vendrán de tus hijos. Un hogar sin descendencia nunca sufrirá las calamidades y regocijos del que sí la posee.

- ***Culo veo, culo quiero.*** No seas caprichoso ni envidioso deseando lo que no posees u ostentan los demás. Caprichos sí, pero los justos.

Capítulo 4: Refranes Que Empiezan Por D

- *Del cielo para abajo cada uno come de su trabajo.* Uno puede perdonar deudas o hacer favores sin cobrar, pero cuando tengamos que hacer frente a nuestros pagos, tal vez no nos devuelvan el gesto. Por eso es aconsejable, *"en este mundo"*, que cobres por tus servicios o productos. Porque es de justicia.

- *Dios me libre de las aguas mansas, que de las corrientes ya me libro yo.* Es más fácil defenderse ante alguien que pretende hacernos daño, que estar precavidos ante las personas que parecen mosquitas muertas y luego son unas víboras. Cuídate de las personas con piel de cordero y alma de hiena.

- *Donde me encuentro me hallo. Donde fueres haz lo que vieres.* Cada persona, familia, pueblo, ciudad, provincia o país tiene sus manías. No olvides que todas ellas son igual de respetables. Por tanto, en terreno ajeno es mejor que seas cauto y te adaptes al entorno.

- *Dame pan y dime tonto.* Te la puedes aplicar si eres de esos que realizan cualquier tipo de actos, esperando un beneficio o una recompensa que resulte lo suficientemente rentable.

- *De día beata y de noche gata.* Este refrán hace referencia a las distintas manifestaciones que puede ofrecer una persona de sí misma, dependiendo del contexto o la situación.

- *Donde hay patrón no manda marinero.* Los rangos están para algo. Y quien está por encima en la cadena

26

de mando, manda. Y punto. Por suerte o por desgracia he tenido que sufrir esta situación o disfrutar de ella; he sido jefe y también subordinado. ¿Y tú?

- *De padres gatos hijos mininos.* Las formas de actuar y de pensar se adquieren, el contexto condiciona *sin duda alguna.* Y las raíces se mantienen hasta la muerte, le pese a quien le pese.

- *De lo perdido saca lo que puedas.* Así es. Puesto que de algo perdido nada esperas. Por tanto, todo lo que te venga de más, bienvenido sea.

- *De sabio, músico, poeta, y loco, todos tenemos un poco. De cuerdo y loco todos tenemos un poco.* Como tienes influencias de personas distintas, es lógico que tu personalidad manifieste diferentes tendencias o comportamientos. Lo importante es que reprimas tus conductas más extremas… al menos en público.

- *Después de visto, todo el mundo es listo.* Lo complicado en esta vida es crear, inventar, imaginar… Siempre es más fácil mejorar el original que *"inventar"* el original. O dicho de otro modo: con un modelo delante realizamos menos esfuerzo *"copiándolo"*, que quien *"crea"* o *"desarrolla"* el modelo. Sé auténtico y crea cosas auténticas.

- *Del amor al odio hay un paso.* Quien tiene una relación sentimental o amorosa y sufre un desengaño, una traición o una ofensa termina —en la mayoría de los casos— con sentimientos opuestos hacia la persona que causó el dolor. Cuida tus relaciones e intenta no ser rencoroso.

- *Donde las dan las toman.* En esta vida la mayoría de las cosas son de ida y vuelta. Lo que es lo mismo, puedes sufrir en tus carnes lo que hayas hecho a otros.

- *Desgracia compartida, menos sentida.* Contar tus problemas a otras personas te provoca un alivio en el campo psicológico y emocional, ya que puedes recibir ayuda, consuelo y comprensión. No te cierres y busca esa persona que sabe escucharte como te mereces.

- *Dime con quién andas, y te diré quién eres.* Tus ideas, gustos y aficiones dependerán —en cierta medida— de las personas con las que compartas tu tiempo. Las buenas y malas compañías influencian... y mucho. Sé selectivo.

- *De casta le viene al galgo.* El contexto influencia a las personas. Los hijos heredan ideas, comportamientos y cualidades de los padres. Mira tu descendencia y verás copias no exactas tuyas y de tu pareja.

- *Dar consejo y el remedio, favor completo.* Muchas personas aconsejan o critican sin proponer soluciones. Las objeciones acompañadas de soluciones tienen un valor doble. Si eres de los que aconseja, ofrece soluciones alternativas al problema.

- *De banquetes y cenas están las sepulturas llenas.* Modera la ingesta de alimentos. Si eres de los que abusan, verás peligrar tu salud. El hombre necesita una cantidad de ingesta concreta para vivir. El resto es gula.

- *Dios que da la llaga, da la medicina.* Los males aparecen, pero también debes esperar o buscar los remedios a los mismos. Sé positivo y afronta las enfermedades con valentía.

- **Dos no riñen, si uno no quiere.** En una discusión se necesitan —como mínimo— dos personas enfrentadas. Sin esta premisa, la discusión como tal no es posible. Nunca lo olvides: si puedes evitar una discusión, evítala.

- **Donde las dan, las toman.** No actúes con maldad; puede que la siguiente víctima seas tú. Recuerda que recibirás el mismo bien o mal que ofrezcas.

- **Donde hay patrón, no manda marinero.** El jefe es el jefe. Quien ostenta la autoridad no puede acatar órdenes de sus subordinados. La vida es así, no la he inventado yo.

- **Di mentira y sacarás verdad.** Estrategia para pícaros que usan artimañas con la finalidad de conocer los detalles más secretos de ciertos asuntos. Te será útil en más de una ocasión, pero ten cuidado o acabarás tachado de difamador.

- **Donde no hay harina, todo es mohína.** Las familias desfavorecidas tienen periodos frecuentes de tensión y las consecuentes disputas. Intenta que la miseria no asome la cabeza por el umbral de tu hogar.

Capítulo 5: Refranes Que Empiezan Por E

- *En el mundo de los ciegos el tuerto es el rey.* Donde existe un patrón conductual o estatutario que rige por igual a todos los implicados, quien ostenta una ventaja o superioridad notable con el respecto al grupo -de la naturaleza que sea- tiene las de ganar. Una ventaja sobre el resto, por muy insignificante que parezca, puede ser muy significativa; no pases este detalle por alto.

- *El tiempo es oro.* Porque como se trata de una cosa irrecuperable, resulta lo más valioso del mundo. Cada segundo, minuto, hora, día, semana, mes, año de tu vida tiene un valor infinito. No vendas o pierdas tu tiempo sin razones de peso.

- *En casa de herrero cuchillo de palo.* Gran verdad. El ser humano hace cosas sorprendentes y en ocasiones absurdas. Un claro ejemplo es no aplicar a sí mismo o a los tuyos las posibles ventajas o ayudas de que dispones, pero hacerlo con individuos ajenos a tu entorno más cercano.

- *El que es gato siempre maúlla.* Las personas cambian con los años. No obstante, nuestra esencia, lo que nos define como lo que somos, permanece inalterable y forma nuestra personalidad. Tu esencia más primigenia perdurará hasta tu último suspiro.

- *El mal llama al mal.* Lo que es de la misma naturaleza, acaba por juntarse. Elige con mimo tus amistades y relaciones; este detalle hará que vivas una u otra vida.

- *El borracho, aunque turbio, habla claro.* Y más en las cenas familiares o de empresa... El alcohol causa unos efectos de euforia y confianza que casi todos conocemos, y tras esa seguridad ficticia la lengua se desata torpemente, pero sin tapujos. Si bebes, piensa antes de hablar.

- *El casado quiere casa, y costal para la plaza.* Un matrimonio debe vivir sin compartir hogar con otros matrimonios o familiares. La independencia e intimidad de la pareja son esenciales. Cuida tu estabilidad familiar. Piensa primero en tu entorno más cercano y protégelo.

- *El dinero llama al dinero.* La riqueza genera riqueza porque presenta una ventaja muy importante para el que la posee: no parte de cero. Si te encuentras en esta tesitura, ya gozas de una base con la que puedes crear ingresos adicionales y ampliar tu patrimonio.

- *El errar es humano, el perdonar, divino.* No escatimes a la hora de perdonar. Cultivarás el alma hasta niveles que jamás sospechaste. La envidia y el rencor corroen por dentro.

- *El hambre no encuentra peros al condimento.* Los inconvenientes desaparecen ante quien se encuentra sumido en la miseria. Por poco que pueda ganar, siempre será más que lo que antes tenía. Agradece todo lo que sume calidad a tu vida.

- *El que avisa no es traidor.* Quien previene a alguien del peligro está libre de toda recriminación futura. Actúa de esta manera y tu conciencia estará tranquila.

- *El mal entra a brazadas y sale a pulgaradas.* Evita todo tipo de mal, ya que tarda poco en aparecer y mucho en retirarse. Cuanto más alejado vivas de las influencias y acciones negativas, mejor.

- *El mayor aborrecimiento, en el amor tiene su cimiento.* Llegarás a odiar con mayor fuerza a quien amaste en el pasado. La animadversión se magnifica en estos casos.

- *El mejor halago es que lo imiten a uno.* La razón es que algo bueno tienes si quieren ser o parecerse a ti. Nadie quiere parecerse o convertirse en algo o alguien que emane malas vibraciones o sentimientos negativos.

- *El movimiento se demuestra andando.* Intenta evitar el aleccionamiento y, si ofreces consejo, hazlo dando ejemplo. Las cosas no sólo hay decirlas, también hay que hacerlas.

- *El que nace lechón, muere cochino.* Eres como eres y la vida hará que vayas evolucionando, pero tu esencia primitiva, la que conforma tu auténtico yo, es absolutamente inalterable.

- *En tiempo de tribulaciones no hacer mudanza.* Cuando veas las aguas revueltas en tu entorno más cercano, mantén las distancias y evita que te salpique algún problema.

- *El necio es atrevido y el sabio comedido.* No hay nada más peligroso que un tonto con iniciativa. La clave está en que los insensatos se enfrentan al peligro sin ser conscientes del mismo, aunque en su interior creen serlo. El listo piensa y luego actúa. ¿A qué grupo quieres pertenecer?

- *El que algo quiere, algo le cuesta.* Toda meta que desees alcanzar conlleva unas u otras dificultades y esfuerzos. Es raro que consigas grandes logros sin sacrificios.

- *El que la hace la paga.* Intenta no dañar, ofender o perjudicar al prójimo. El mal provocado te volverá a su debido tiempo. De una u otra forma, tarde o temprano, pero te pasará factura.

- *El que a buen árbol se arrima, buena sombra le cobija.* Las buenas compañías siempre te reportarán alegrías y ventajas en la vida. Las malas, todo lo contrario. Elige con paciencia y sabiduría tus relaciones sociales.

- *El que la sigue la consigue.* No decaigas y persigue tus sueños. Con los elementos necesarios y tesón alcanzarás tus metas. Sé persistente, trabajador y optimista.

- *Entre el honor y el dinero, lo importante es lo primero.* El dinero podrás ganarlo y perderlo a diario. Crear una buena reputación cuesta mucho tiempo y se pierde en segundos.

- *El que madruga coge la oruga.* No seas perezoso y adquiere buenos hábitos. Tu vida ganará en calidad, sosiego y felicidad.

- *El que nace para medio nunca llega a real.* En la vida es posible cambiar, pero es muy difícil experimentar un cambio muy radical. Si posees unas características específicas como persona, tu camino se verá determinado por las mismas.

- **En el término medio está la virtud.** Los extremos y excesos no suelen ser buenos. Busca el equilibrio en todos los aspectos de la vida; saldrás ganando.

- **El que nace para mulo del cielo le cae el arnés. Si naciste para martillo del cielo te caen los clavos.** Lucha por tus sueños, sé persistente y no desfallezcas. Si estás predestinado para lograr tus metas, la diosa fortuna se encargará de echarte una mano.

- **El que no corre, vuela.** Si existe algo interesante para ciertas personas, no dudarán en adelantarse al resto para lograr lo deseado o aprovechar la oportunidad dada. Mantente alerta y usa la picaresca en las ocasiones importantes.

- **En los nidos de antaño, no hay pájaros hogaño.** Recuerdo melancólico de los años pasados. Muy apropiada para quienes desean hacer algo, pero carecen de la ilusión o la energía de años anteriores. Aunque envejezcas mantén joven la mente.

- **El que se fue a Sevilla, perdió su silla.** No dejes pasar una oportunidad o un turno. Alguien más vivo que tú sacará partido de tu descuido.

- **Entre bueyes no hay cornadas.** Las personas afines, ya sean amigos o familiares, muestran una actitud noble y de respeto. La lealtad reina por encima de la traición. No rompas la armonía reinante.

- *El remedio puede ser peor que la enfermedad.* Piensa con detenimiento tus actos ante situaciones delicadas. Un mal paso puede hacer empeorar lo que ya estaba mal de inicio. Si aportas algo, que sea para mejorar.

- *Ensuciándose las manos, se puede hacer uno rico.* Los trabajos que nadie desea hacer pueden ser una mina de oro para quien sepa o quiera explotarlos. ¿Eres emprendedor? Pues toma buena nota.

- *El saber no ocupa lugar.* Tener conocimientos carece de pegas. Siempre sacarás algo bueno por tu sabiduría o conocimiento. Aprovecha tus habilidades.

- *El vicio turba el juicio.* Las dependencias severas harán que actúes sin justicia ni sensatez. Mantente alejado de los vicios.

- *El que no trabaje, que no coma.* Para optar al rancho deberás merecerlo. Esfuérzate, lucha por tus sueños y evita la pereza, la holgazanería.

- *En esta vida caduca el que no trabaja no manduca.* No hay secretos: lucha por tus sueños, sé ambicioso y conseguirás lo inimaginable. Si te acomodas y esperas a que llegue tu momento, sin esfuerzo alguno, las oportunidades pasarán de largo y tus sueños se te escurrirán entre las manos como hace la arena.

- *En tiempos de guerra, cualquier hoyo es trinchera.* Cuando estés en situaciones difíciles o delicadas aceptarás, valorarás y agradecerás la ayuda recibida. Y cualquier ayuda será bienvenida.

- ***Éramos pocos, y parió la abuela.*** Muy usado cuando lo malo abunda y llega más de improviso. También en las ocasiones donde hay demasiada gente de la deseada en un lugar y siguen llegando más.

- ***En todas partes cuecen habas.*** No te creas tan exclusivo. Todo el mundo tiene problemas y todas las familias esconden trapos sucios.

- ***Es peor el remedio que la enfermedad.*** Existen auxilios, consejos o intervenciones más dañinas que el mismo problema en sí. Actúa con cerebro ante los problemas que se crucen en tu camino y en el de tus seres queridos.

- ***El gato escaldado del agua caliente huye.*** Una vez experimentes el aspecto negativo de una acción, hecho o palabra, evitarás cometer el mismo error para sortear el castigo, humillación o dolor experimentados la primera vez.

- ***El dinero y los cojones para las ocasiones.*** Muy gráfico, ¿verdad? Hay momentos en los que no puedes dudar. Actúa con determinación en situaciones de urgencia o necesidad, anteponiendo lo importante al resto de cosas.

Capítulo 6: Refranes Que Empiezan Por F

- *Flor sin olor, le falta lo mejor.* Metáfora preciosa que resalta lo trágico que es perder la *"esencia"* de las cosas. Busca la esencia de cada cosa que te hace sentir vivo.

- *Favor con favor se paga.* Todo tiene un precio; no lo olvides. Cuando te beneficies de algo mediante un tercero, ten por seguro que acabas de contraer una deuda a la que, tarde o temprano, deberás corresponder.

- *Fingir locura, algunas veces es cordura.* Muy parecido a este otro: "más vale parecer tonto que serlo". Algunas veces merece la pena que aparentes lo que no eres, ya que te reportará mayores ventajas esta falsa representación tuya que la real.

- *Fácil es recetar, difícil es curar.* Todos mostramos tendencia a opinar y aconsejar sobre temas que afectan a terceros. Lo complicado es pasar a la acción o predicar con el ejemplo.

- *Febrero, siete capas y un sombrero.* Cúbrete bien en esta época del año. Lo vas a necesitar, ya que por costumbre suele tratarse de un mes frío.

- *Fuiste con el abogado y ya saliste escaldado.* Muy propio para aquellos letrados sin escrúpulos, pero poco fiel a la hora de aplicarla a los abogados profesionales y con palabra. En definitiva, si necesitas los servicios de un abogado, los problemas ya han aparecido o aparecerán tarde o temprano.

- *Fiesta sin vino no vale un comino.* Siempre lo he dicho: quita lo que quieras de las fiestas, pero como quites la comida y la bebida se acabó la diversión.

- *Firmar sin leer, sólo un necio lo puede hacer.* Es muy torpe poner tu firma en un documento sin saber qué aceptas o a qué te comprometes. Sé prudente y déjate asesorar.

- *Fruta prohibida, más apetecida.* Siempre tenemos más apetencia por aquellas cosas o personas que no están a nuestro alcance. Cuanto más difíciles de conseguir, más atracción sentimos por ellas.

- *Fíngete en gran peligro y sabrás si tienes amigos.* En las situaciones malas, cuando las cosas vengan mal dadas, torcidas, quien permanezca a tu lado o acuda en tu auxilio será un verdadero amigo.

- *Fianza y tutela, véalas yo en casa ajena.* No desees nunca estas circunstancias; no conllevan beneficio alguno para ti ni para los tuyos. Aunque parezca egoísta, mejor que la padezcan otros y no tú.

Capítulo 7: Refranes Que Empiezan Por G

- *Genio y figura hasta la sepultura.* El dicho se refiere a las personas que son como son desde que nacen hasta que mueren. El carácter es difícil de cambiar. Pero, también hay que decirlo, todo el mundo cambia con el paso de los años. Aunque sólo sea un poco. Y tú no eres una excepción.

- *Gallo que no canta algo tiene en la garganta.* Utilizada cuando alguien evita participar en una conversación, tiene intereses, secretos o información que prefiere guardarse para sí.

- *Gusta lo ajeno, más por ajeno que por bueno.* No valores erróneamente aquello que no tienes. La envidia —por mucho que algunos se empeñen— nunca es sana. Agradece y valora lo que sí posees.

- *Gente no bienvenida, cuanto más lejos más querida.* Nunca estarás cómodo junto a las personas por las que sientes rechazo y viceversa. Más vale mantener las distancias y evitar cualquier tipo de roce en la medida de lo posible. Ganarás en salud; sobre todo mental.

- *Guarda y no prestes, porfía y no apuestes.* Protege tu estabilidad económica con una buena educación financiera y protegerás tu estabilidad emocional y mental. Nunca olvides que la mayoría de problemas los provocan asuntos monetarios.

- *Gato con guantes no caza ratones.* Necesitas los medios necesarios y convenientes para las diversas tareas a realizar. Sé práctico y no te compliques la vida.

- *Gástate en juerga y vino lo que has de dar a los sobrinos.* Disfruta el aquí y ahora. Nadie va a vivir la vida por ti. Evita ser de esos que cuentan las vivencias de otros y, por el contrario, difunde las tuyas propias. Escribe y vive tu historia.

- *Galgo que va tras dos liebres, sin ninguna vuelve.* Termina las tareas que comiences. Sigue un orden o de lo contrario tendrás muchas cosas iniciadas y pocas o ninguna finalizada. Prioriza.

- *Gozarse en mal ajeno, no es de hombre bueno.* La nobleza y la piedad son dos grandes virtudes. No seas cruel ni mala persona. Tanto tú como yo pasamos miserias y penas en algún momento de la vida.

- *Guárdate de hombre que no habla y de can que no ladra.* Quienes no expresan abiertamente sus ideas y opiniones no merecen confianza. Cuando menos te lo esperes saltará y atacará… como un perro.

- *Guerra, peste y carestía andan siempre en compañía.* Las miserias nunca vienen solas. Aparecen juntas y en tromba. Y, en contra de lo que muchos piensan, sí son acumulativas.

Capítulo 8: Refranes Que Empiezan Por H

- *Hijo de gran ladrón, gran señorón.* Los descendientes y herederos de personas adineradas que consiguen sus fortunas de forma dudosa, terminan siendo, casi siempre, *"hijos de papá"*.

- *Hombre de muchos oficios, pobre seguro.* En la especialización está el valor. Procura sobresalir en pocas cosas y evita ser mediocre en muchas. Las cosas hay que hacerla bien y no medio bien.

- *Haz el bien y no mires a quien.* Sé bueno independientemente de la persona. Si tienes la posibilidad de ayudar, no te lo pienses y ponte manos a la obra.

- *Hombre lisonjero, falso y embustero.* Desconfía cuando alguien se exceda en halagos y elogios hacia tu persona. Está buscando, sin lugar a dudas, algún provecho a costa tuya. Detecta a los aduladores por el interés.

- *Hablando se entiende la gente.* Para debatir sobre algo con franqueza es imprescindible establecer un grado mínimo de confianza. Que luego se logren acuerdos o se llegue a buen puerto es otra cosa. Nunca rechaces el diálogo.

- *Hoy por ti, y mañana por mí.* Ayuda desinteresadamente a las personas. El día que seas tú el necesitado verás cómo tus actos del pasado son correspondidos. Es una relación de intercambio no escrita.

- *Hasta el cuarenta de mayo no te quites el sayo.* Evita ir con poca ropa de abrigo hasta que no esté confirmada la llegada del calor. Los resfriados más duraderos preceden a la temporada estival. Abrígate hasta que desaparezca el frío. No vayas contra las leyes naturales; tienes todas las de perder.

- *Hombre precavido, vale por dos.* Ser cauto y previsor es una virtud. Cúbrete las espaldas y ahorrarás en disgustos. No actúes por impulso. Evitarás que te engañen con tanta frecuencia y tendrás menos problemas en la vida. Camina con pies de plomo.

- *Hechos son amores y no buenas razones.* Abundan las personas que fanfarronean sobre sus actos en público y luego nunca realizan aquellos actos de los que tanto presumían, o incumplían sus promesas. Menos hablar y más hacer.

- *Huerto y molino, lo que producen no lo digas a tu vecino.* Es mejor que mantengas los detalles de tu patrimonio en secreto. Nunca sabes si tu vecino o quien menos te lo esperas es amigo de lo ajeno. Y también evitarás tener que prestar o avalar con tus bienes.

- *Hijo casado, vecino airado.* A la gente le gusta estar al tanto de la vida de los demás. ¡Como si no tuvieran suficiente con la propia! La envidia es muy mala y muchos de quienes te rodean rabiarán ante las noticias gozosas de los tuyos.

- *Hay que trabajar para vivir, no vivir para trabajar.* Me encanta este refrán. No soy de esas personas que resumen su vida en horas, días, semanas, meses y años de trabajo. Soy de las que miden su vida en horas, días, semanas, meses y años de vida. Sólo se vive una vez.

- *Hay más refranes que panes.* Por dichos populares no será. Es por ello que para cada circunstancia de la vida existe un refrán.

- *Hombre que vive de amor y vino, que no se queje de su destino.* Tú eres el verdadero dueño de tu propia vida, el arquitecto de tu futuro. Según cómo vivas y las decisiones que tomes será tu sino. De ti depende tomar una senda recta o una tortuosa.

- *Hablando del rey de Roma, por la puerta asoma.* Muy usado en las ocasiones en que se habla de alguien en particular y aparece de improviso.

- *Hace más el que quiere, que el que puede.* Siempre; no lo dudes. La fuerza de voluntad supera al talento en muchas facetas de la vida. Conocerás a muchas personas con un talento increíble, pero con una fuerza de voluntad y sacrificio insuficientes.

- *Hasta que a la meta no llegues, no te pongas los laureles.* No alardees de logros aún no alcanzados. Todo sea que tengas que tragarte tus propias palabras y quedes en evidencia.

- *Hay que cortar por lo sano.* Nunca prolongues o mantengas una situación o relación dañina. En estos

43

casos, finiquita todos los frentes abiertos, da carpetazo y sigue con tu vida.

• *Hay que predicar con el ejemplo.* Se nos conoce por nuestros hechos, no por nuestras palabras. Pasa a la acción y que tus actos hablen por ti.

• *Hecha la ley, hecha la trampa.* Quienes redactan las leyes conocen los puntos débiles de las mismas. Por eso no es de extrañar que sean ellos mismos quienes las incumplan o persuadan a terceros sobre cómo sortearlas.

Capítulo 9: Refranes Que Empiezan Por I

- *Ignorante y burro todo es uno.* Las personas que carecen de sabiduría obran con torpeza. Fórmate; cultiva cuerpo, mente y alma. La información y el saber valen su peso en oro.

- *Ir a matar lobos no es para bobos.* No afrontes circunstancias o proyectos que te superan. Es bueno que conozcas tus límites y los respetes o lo pasarás mal. No aceptes proyectos o tareas que no puedas cumplir.

- *Ir contracorriente, casi nunca es conveniente.* En la mayoría de los casos así es, pero existen excepciones. Ante las injusticias y las tiranías hay que ser valiente y luchar contra los opresores o tu vida y libertad dejará de pertenecerte. En el resto de casos es mejor no ser la persona que da la nota.

- *Ir por lana y volver trasquilado.* En ocasiones buscarás un beneficio o un halago y recibirás o encontrarás todo lo contrario a tus expectativas: pérdidas y ofensas.

- *Ira de hermanos, ira del diablo.* Evita enemistarte con familiares y amigos de verdad. El rencor y distanciamiento alcanza sus mayores niveles en circunstancias como estas.

- *Ir a la guerra, navegar y casar, no se ha de aconsejar.* Elige con cautela las circunstancias y situaciones peligrosas que comprometen tu zona de confort. Ya deberías saber que algunas circunstancias de la vida son más peliagudas que otras.

Capítulo 10: Refranes Que Empiezan Por J

- *Jugar por necesidad es perder por obligación.* Tener suerte en los juegos de azar es cosa de unos pocos. En la mayoría de los casos, quien busca hacer fortuna de esta manera suele terminar arruinado. Nota: Salvo que compre a alguien un décimo premiado y pueda blanquear su dinero negro.

- *Jugar y nunca perder, no puede ser.* En las situaciones de la vida donde asumes riesgos es posible que pierdas. Sé consciente de ello antes de tomar decisiones que más tarde debas lamentar.

- *Jorobas y manías no las curan médicos.* Todos tenemos nuestras cosas que hacen que seamos como somos. Son estos aspectos los que nos definen y resultan extremadamente difícil —yo diría casi imposible— cambiarlos. ¿Serías capaz de revelar tus manías?

- *Júntate a los buenos y serás uno de ellos.* Si quieres alcanzar unas determinadas metas o ser de una forma determinada, acércate a las personas que ya han logrado el objetivo que andas buscando. Aprende de quienes triunfan.

- *Jamás en el mismo plato comen el ratón y el gato.* Los enemigos acérrimos, cuanto más lejos mejor. Distancia y que cada uno haga camino. No busques gresca con quien te quiere mal.

- *Juego y bebida, casa perdida.* Hacerse aficionado al juego y al alcohol nunca es buena idea y termina destrozando familias. Busca entretenimientos con menos riesgo y más aptos para tu salud mental y física. Vive de forma sana.

- *Jamás olvidó el que bien amó.* Las relaciones de amistad y amor verdaderas siempre dejan poso. Aunque pasen los años y las personas, nunca saldrán de tu mente.

- *Jugar con fuego es peligroso.* Evita situaciones, acciones y contextos que conlleven un alto riesgo para tu integridad física o mental. Nunca arriesgues más de lo que estás dispuesto a perder.

- *Justicia es agravio cuando no la aplica el sabio.* No hay mayor injusticia que un inocente condenado, humillado o injuriado por un incompetente. Empápate de sabiduría para ejercer de juez.

- *Juego que tiene revancha, no hay que tenerle miedo.* Cuando la vida te ofrece segundas oportunidades debes ser valiente y aceptar el reto. Por el contrario, obra con cautela cuando te enfrentes a situaciones de no retorno.

- *Jodido trato es comprar a cinco y vender a cuatro.* Matemática pura. Para ganar siempre debes cerrar un trato que te reporte un balance positivo. Huye de las circunstancias o los negocios que parecen rentables, pero no lo son.

Capítulo 11: Refranes Que Empiezan Por L

- *La suposición es la madre de los metepatas.* Un tío materno me dijo en cierta ocasión: *Aquí no se supone; algo es o no es.* Dar o hacer un juicio a la ligera puede ser un error. Las cosas que se presuponen, por el simple hecho de no estar contrastadas, tienen una posibilidad, segura, de que nos hagan quedar mal o, lo que viene a ser lo mismo, que nos quiten la razón.

- *La avaricia rompe el saco.* Se emplea con aquellas personas codiciosas que nunca están conformes con lo que tienen y siempre desean más. Es una advertencia clara: el afán por acumular puede hacer que lo pierdas todo.

- *La carne de burro no es transparente, pero los ojos de cerdo lo traspasan todo.* La primera parte del refrán sería idónea para la ocasión en que alguien se coloca entre tú y lo que estás mirando. El aludido, usando la segunda parte del refrán, nos contestaría con el mismo sarcasmo y valiéndose también de un símil referente al mundo animal.

- *La miel no está hecha para la boca del cerdo.* Locución hiriente que da a entender lo inaccesibles que son o están determinadas cosas o personas para algunos o algunas. Y no miro a nadie…

- *Los que duermen en un mismo colchón son de la misma condición.* Las personas afines se buscan para convivir o realizar proyectos conjuntos. Analiza tu vida y verás que las personas más afines a ti son las que más aprecias.

- ***Lo cortés no quita lo valiente.*** Haya o no diferencias entre las personas, existen situaciones en las que, por un mínimo de decencia y educación, resulta necesario dejar estas discrepancias al margen y actuar con elegancia.

- ***La ignorancia es la madre del atrevimiento.*** Las palabras más necias provienen casi siempre del más inepto, que suele serlo hasta el extremo de creerse lo que no es: un sabio. Detecta rápidamente a estos personajes y evita que te enreden en sus asuntos.

- ***La verdad os hará libres.*** Con la verdad por delante se puede ir en esta vida con la cabeza muy alta. Quien tiene la verdad de su parte, goza de la razón.

- ***La vida no se mide por las veces que respiras, sino por los momentos que te dejan sin aliento.*** Cierto como que todos moriremos. Esos momentos especiales que nos emocionan son, seguramente, los que nos hacen sentirnos *"vivos"*. Mantén vivos en tu mente todos los momentos que te han hecho extremadamente feliz.

- ***La ausencia es al amor lo que al fuego el aire: que apaga el pequeño y aviva el grande. Lejos de los ojos, lejos del corazón. Larga ausencia causa olvido.*** Para mantener el vínculo amoroso, familiar o de amistad es necesario el trato regular. La distancia y la falta de comunicación debilita estos vínculos, suponen el olvido. Cuida tus relaciones o las perderás.

- ***La comida, a reposar; y la cena a pasear.*** La siesta del mediodía es sana. No obstante, cenar e irse a dormir es contraproducente. Cena ligero y con tiempo prudencial antes de acostarte.

- *La compañía en la miseria hace a ésta más llevadera.* Es bueno tener un hombro en el que apoyarte cuando atravieses malos momentos. En esa etapa difícil sabrás quién es tu amigo y quién no.

- *La cabra siempre tira al monte.* Tu naturaleza, tu esencia hará que seas como eres en las situaciones importantes. Podrás obrar de diferentes maneras, pero en las situaciones extremas saldrá tu verdadero yo.

- *Las prisas nunca son buenas.* Actúa con calma. Especialmente en aquellas tareas que requieren máxima concentración o dedicación.

- *La ira es locura, el tiempo que dura.* Controla tus instintos más salvajes. Tanto los buenos como los malos son fugaces, intensos y poco cabales.

- *La mejor felicidad es la conformidad.* O como reza otro refrán: no es más rico quien más tiene, sino quien menos necesita. Serás capaz de obtener uno u otro grado de felicidad, dependiendo del grado de tus exigencias o necesidades.

- *Las opiniones son como el ojo del culo, cada uno tiene la suya.* Salvo malformaciones genéticas… me atrevo a decir que sí. La verdad, veo innecesario seguir explicando este refrán. Creo que ya está lo suficientemente claro para todos.

- *La necesidad hace maestros.* Cuando estás en una situación límite haces todo lo posible para salir airoso de la misma. Ante los problemas más graves se han visto reacciones heroicas. No repudies a los autodidactas.

- *Lo pasado, pasado está.* Evita ser rencoroso. Mira siempre hacia delante. No puedes revivir lo vivido, pero sí puedes continuar labrando tu futuro. Si alguien perdió tu amistad o amor, peor para él o ella.

- *La perdiz por el pico se pierde.* En muchas ocasiones es mejor que guardes silencio. Puede que tus palabras terminen por ocasionarte problemas. Piensa antes de hablar.

- *La primavera la sangre altera.* Todos sabemos que en esta estación del año se producen cambios en los comportamientos de animales y personas. Época del año idónea para despertar la pasión.

- *Lo que se mama de niño dura toda la vida.* El contexto nos condiciona desde la edad temprana. Esto es una verdad incontestable. Lo aprendido y vivido en esas edades perdura, sobreviviendo a las vivencias posteriores.

- *La prudencia es la madre de la ciencia.* No seas impulsivo; piensa y luego actúa. Añade esta virtud a la lista de tus favoritas.

- *La salud es la mayor riqueza. Más vale la salud que el dinero.* La mayoría de las veces sólo apreciamos la salud cuando está mermada. Junto al tiempo, es la mayor riqueza de la que dispone el ser humano. Valora tu salud, valora tu tiempo de vida.

- *La verdad a medias es mentira verdadera.* Lo ideal es que no mientas nunca. Tal vez sólo puedes justificar la mentira cuando evitas el dolor de una persona.

- *Ladrón que roba a otro ladrón tiene cien años de perdón.* Las ofensas o tropelías cometidas contra una mala persona parecen menos dañinas de lo que son en realidad.

- *Lo que es moda no incomoda.* Las personas siguen conductas y estereotipos en masa sin analizarlos demasiado. Vivir la actualidad posibilita evitar los posibles inconvenientes, escudándose en la seguridad que proporciona la muchedumbre. ¿Tienes claro cuál es tu estilo o sigues a la masa?

- *Las cuentas claras hacen los buenos amigos.* Evita juntar amistad y negocios. En la mayoría de los casos no es buena idea. Separa lo profesional de lo personal.

- *Los niños, los borrachos y los locos dicen siempre la verdad.* Las personas con la mente nublada, incapaces de reflexionar, manifiestan su sentir o parecer sin tapujos. Tenlo muy presente antes de juzgar.

- *La unión hace la fuerza.* Si cuentas con el apoyo de otras personas para afrontar tus problemas —sean de la índole que sean—, tus posibilidades de éxito son mucho mayores. Y, por si no lo sabías, la vida también es un juego de equipo.

- *Lo que pienses en comprar, no lo has de alabar.* Mantén la serenidad cuando pienses en adquirir algo que te gusta. Si existe la posibilidad de rebajar el precio, no es buena idea mostrarse muy entusiasmado.

- **Las mentiras tienen las patas cortas.** No mientas. Tarde o temprano descubrirán tu engaño y jamás tendrás la confianza de quienes sufrieron tu agravio.

- **Las palabras se las lleva el viento.** Y más aún si no hay testigos junto a los interesados. Todas las transacciones que realices déjalas plasmadas por escrito y bajo el asesoramiento de un experto en leyes. Te evitarás muchos disgustos.

- **Los trapos sucios se lavan en casa.** Los problemas de índole privado deben resolverse dentro de dicho ámbito. Evita que tus situaciones embarazosas sean de dominio público.

- **Lo que se pierde en una casa se gana en otra.** El mundo es una gran balanza donde los desniveles se notan de inmediato. Y... ¡vaya si se notan! Que se lo digan al hemisferio sur del planeta.

- **Los árboles no te dejan ver el bosque.** Si centras tu atención en detalles concretos, nunca lograrás ver una situación o un asunto de forma global, en su conjunto. Analiza el todo de las cosas.

- **Las desgracias nunca vienen solas.** Sucede como un efecto imán. Los disgustos, las calamidades o los accidentes se atraen o suceden a la vez o en un efecto dominó. Mantente alejado de las desgracias y de las personas tóxicas.

- ***Lo que no mata, engorda.*** Utilizarás este refrán al ingerir productos de calidad media o baja. También en el caso de que un alimento se ensucie y decidas comértelo igualmente.

Capítulo 12: Refranes Que Empiezan Por M

- *Más vale pájaro en mano que ciento volando.* Es preferible asegurarse alguna ganancia, de la índole que sea, a quedarse con una mano delante y otra detrás. Mejor tener poco de algo que no tener nada. ¿Cierto?

- *Mucho te quiero perrito, pero pan poquito.* Las palabras deben ir acompañadas de hechos cuando realizamos una aseveración. Y más aún cuando se tratan de temas donde aparecen implicados los sentimientos.

- *Más sabe el diablo por viejo que por diablo.* La experiencia cuenta siempre. La vida es un camino y quien ya ha recorrido parte del mismo está más curtido y posee más recursos para afrontar con éxito futuras situaciones similares. Valora todo lo que aprendes día a día.

- *Mal de muchos, consuelo de tontos.* No pienses que las penas son menos si afectan a más personas; esta óptica no quita gravedad al asunto. Mantén las desdichas alejadas de tu vida.

- *Mal que no tiene cura, quererlo curar es locura.* Es inútil que luches por aquello que no sea posible de cambiar o alterar. No gastes esfuerzo ni medios en aquello irrealizable.

- *Más vale malo conocido que bueno por conocer.* Sé precavido y no arriesgues. Quédate con aquello que sepas lo que es y no fantasees con aquello que no conoces y podría ser. Muchos se han quedado en el "podría".

- **Mala hierba nunca muere.** El mal de las personas malas perdura. Recuerda esto: cuando alguien tiene mala condición, la mantendrá en el futuro contra viento y marea.

- **Mente sana en cuerpo sano.** La salud comprende el ámbito físico y el psíquico. No te centres únicamente en uno de ellos. Busca el equilibrio, la plenitud mental y física.

- **Más apaga la buena palabra que caldera de agua.** Mantén cerca de ti a las personas que suelen regalarte buenos consejos, palabras de ánimo y lecciones provechosas. Reportarán a tu vida un plus de optimismo que se traducirá en alegría y felicidad.

- **Muerto el perro, se acabó la rabia.** Acaba con aquello que te incomoda, perjudica o perturba. Extermina la fuente y desaparecerán los males.

- **Más discurre un hambriento que cien letrados.** Tu creatividad, tu ingenio, tu talento se verá avivado ante circunstancias adversas o nocivas.

- **Merced recibida, libertad vendida.** Nunca olvides que un favor recibido te mantendrá en deuda hasta que sea correspondido. Pide los favores que sean absolutamente imprescindibles.

- **Más puede la pluma que la espada.** La palabra usada con astucia, inteligencia e intención hacia las debilidades de una persona hace más daño —incluso— que una agresión física.

- **Mucho ruido y pocas nueces.** Algunas personas anuncian a bombo y platillo nuevas asombrosas y la mayoría de las veces todo queda en agua de borrajas. No seas vendedor de humo. Por desgracia, tenemos ya demasiados.

- **Más se perdió en Cuba.** Muy usado en referencia a la gente que se queja por todo y siempre ve el lado negativo de las cosas. Hasta de las situaciones más difíciles, dolorosas y complicadas podrás extraer algún aspecto positivo.

- **Muchos son los llamados y pocos los escogidos.** El éxito está reservado a unos pocos afortunados que saben cómo buscarlo. Aspirantes sobran siempre, pero quienes tienen éxito siempre son menos. Espero que uno de ellos seas tú.

- **Más vale poco y bueno que mucho y malo.** O como reza ese otro dicho: más vale calidad que cantidad. Quédate con lo peor de lo mejor antes que con lo mejor de lo peor.

- **Más vale estar solo que mal acompañado.** No lo dudes ni un momento: te resultará mejor vivir en soledad antes que compartir tu tiempo con indeseables, envidiosos o aprovechados.

- **Más vale maña que fuerza.** La habilidad es una gran virtud. Cultívala y úsala en todas aquellas ocasiones donde la fuerza resulte innecesaria. Sus ventajas te harán lograr metas insospechadas.

- ***Más vale un hoy que diez mañanas.*** Disfruta al doscientos por cien de lo que posees hoy. El futuro es incierto e incluso puede que no llegue nunca. Aprovecha el momento. *Carpe Diem.*

Capítulo 13: Refranes Que Empiezan Por N

- *No por mucho madrugar amanece más temprano.* El destino se puede intentar cambiar, pero ello no implica un éxito seguro. Aunque hagamos lo imposible por controlar las cosas, nada sucede con total seguridad. Excepto la muerte, claro. Eso sí.

- *Noches alegres, mañanas tristes.* Refrán dedicado sobre todo a los más parranderos e inventado —seguramente— por algún amargado. Tengo muchas mañanas tristes a mis espaldas, pero… ¡qué noches! ¡Qué noches!

- *Nada mejor que un ladrón para atrapar a otro ladrón.* Si deseas hacer frente a una persona con una mente determinada, lo ideal para igualarla o superarla es usar o valerse de una mente que piense como la suya.

- *Nada que valga la pena se consigue fácilmente.* Ten presente que las metas importantes que alcances en la vida requerirán de un esfuerzo. Lucha por tus sueños, sacrifica lo necesario y lograrás tus metas.

- *No comer por haber comido no es pecado.* La comida es un bien esencial y el comer una prioridad para vivir; junto con el beber y respirar. Pero comer por gula no lo es. Modérate.

- *Nadie está contento con su suerte.* Muy catastrofista para mi gusto. No lo comparto. Hay gente que da gracias cada día por la vida que lleva. Parece más idóneo para personas que nunca se conforman y siempre ven el lado negativo de las cosas. Este es para las personas tóxicas, los vampiros emocionales.

- *No hay mejor maestra que la necesidad.* En las situaciones difíciles sacarás ese ingenio y esa habilidad que te hará ganar la partida. Busca dentro de ti. Todos tenemos un talento; todos somos buenos o muy buenos en algo.

- *Nadie nace enseñado.* Cultiva la experiencia, el estudio, el ensayo, la práctica y obtendrás aprendizaje, sabiduría. La vida es un camino en el que nunca dejas de aprender.

- *No dejes camino por vereda.* Confórmate con lo que tienes. Correr riesgos innecesarios por unos resultados inciertos puede ser un craso error. Y si debes hacerlo, que la recompensa final merezca la pena.

- *No hay enemigo pequeño.* Evita menospreciar a ninguna persona. Las apariencias engañan y quienes parecen tener menos virtudes pueden ser los más dotados.

- *No hay regla sin excepción.* Ahí le has dado. Sólo falta acotar los límites de las cosas que no los tienen para que salga alguien a tirar por la borda una marca deportiva, un récord, una estadística, etcétera.

- *No hay mal ni bien que cien años dure.* Las desgracias y las alegrías no son eternas. Todo en esta vida tiene un final. Hasta la propia vida.

- *No hay más cera que la que arde.* Muy usado cuando se quiere recalcar que una cosa o una persona aporta todo lo que puede o se espera; cuando alcanza su límite. Conoce tus límites.

- *No hay peor sordo que el que no quiere oír.* Los esfuerzos por convencer o argumentar unas razones ante quien se cierra en banda o se muestra arisco son inútiles. No pierdas el tiempo con cenutrios.

- *No hay peor astilla que la de la misma madera.* No encontrarás enemigo peor que un amigo, familiar o compañero de trabajo.

- *No hay tempestad que mucho dure.* Ten paciencia. Los malos tiempos pasarán y llegarán los buenos, ya que unos no pueden existir sin los otros y viceversa.

- *No pasa nada y si pasa, se le saluda.* Afronta la vida con optimismo y alegría. Los problemas llegarán seguro. Lo importante es cómo los superes o afrontes.

- *Nunca es tarde si la dicha es buena.* Muchas veces las cosas buenas se hacen esperar y no llegan cuando más lo deseas o necesitas. Lo importante es disfrutar de ellas.

- *No se puede servir a dos señores.* Es imposible agradar a todo el mundo. Tampoco es normal que te guste todo el mundo. Elige las personas y las situaciones más afines a tu forma de ser y pensar.

- *Nunca llueve a gusto de todos.* Lo que para unos es bueno, para otros es malo. Esto ha pasado, pasa y pasará por los siglos de los siglos.

- *No se puede trabajar sin materia prima.* Para hacer las cosas bien debes disponer de los mejores elementos. Los sucedáneos siempre reportarán productos o servicios de menor calidad.

- *No se sabe si algo es bueno hasta que se lo pone a prueba.* Analiza las cosas con detenimiento y evita las primeras impresiones. Para llegar a una conclusión es importante tener resueltos los puntos primordiales. Practica el aprendizaje por ensayo y error.

- *No hay mal que por bien no venga.* Sé optimista. Hasta de las circunstancias más dramáticas podrás extraer algo positivo. Mira el lado bueno de las cosas.

- *No sólo de pan vive el hombre.* Tus necesidades y las del resto de personas son variadas. No te limites, ni limites. En la variedad está el gusto.

- *No hay hombre tan malo que no tenga algo bueno, ni tan bueno que no tenga algo malo.* Nadie es perfecto; ni tú, ni yo. Todos tenemos manías, hábitos, defectos. Al igual que nadie es completamente malo. Toda persona —por muy oscura que sea— goza de aspectos buenos.

Capítulo 14: Refranes Que Empiezan Por O

- *Ojos que no ven, corazón que no siente.* La falta de contacto directo con los hechos o las personas dificulta la empatía. Pasa el tiempo necesario con la gente que amas para conocer sus inquietudes.

- *Ocasión perdida no vuelve más en la vida.* Aceptar todas las ofertas o lanzarte a todas las oportunidades no es buena idea. No obstante, los buenos negocios, los chollos y las ocasiones extraordinarias no abundan en la vida y debes saber identificarlas.

- *Oveja que bala no da bocado.* Presta especial atención a las cosas importantes y deja lo nimio al margen. Habla lo justo y necesario. Saldrás ganando.

- *Otro tiempo vendrá, y el que hoy no puede, podrá.* Ahora no es siempre el mejor momento. Identifica las épocas más idóneas para lanzarte de lleno a tus objetivos.

- *Olivo, vino y amigo, el mejor el más antiguo.* El paso del tiempo fortalece la amistad y da estabilidad a los lazos que unen a las personas, ya que se presuponen superadas contingencias y diferencias. Cuida tus amistades.

- *Ovejas bobas, por donde va una van todas.* Las malas compañías y los ignorantes arrastran a las personas de la misma condición. Sal de rebaño y bala libre por tus pastos.

- **Oficio ajeno, dinero cuesta.** La gente consigue sus ingresos mediante sus habilidades o conocimientos. Prepara la cartera cuando requieras la sabiduría, el talento o la habilidad de un tercero.

- **Oigamos, pero no creamos hasta que lo veamos.** No hagas algo cierto sin tener tú mismo la certeza del hecho o la afirmación en cuestión. Antes de lanzarte a defender a capa y espada algo, asegúrate de que merece la pena y es una defensa justa. De lo contrario, te sacarán los colores.

- **Oír, ver y callar, son cosas de gran preciar.** Sé atento al escuchar, discreto al ver y prudente al hablar. Nunca sabes realmente a quién tienes frente a ti.

- **Ojo por ojo, diente por diente.** Muy utilizado para justificar el castigo o la venganza. Confía siempre en la justicia… aunque sea ciega en más de una ocasión.

Capítulo 15: Refranes Que Empiezan Por P

- *Para adelgazar, poca cena, poco plato y mucho zapato.* Un buen mantenimiento se obtiene con una dieta equilibrada y deporte. Para entendernos, no hay secretos ni dietas milagrosas, sino ejercicio y buenos alimentos. *Mens sana in corpore sano.*

- *Paga lo que debes, sanarás del mal que tienes.* La mayoría de los problemas en la vida provienen por la falta de dinero o las deudas contraídas. Finiquita tus números rojos y ganarás en salud... y en calidad de vida.

- *Palos porque bogas, palos porque no bogas.* En esta vida, hagas lo que hagas, siempre habrá alguien que te critique. Es por eso que debes actuar conforme a tus creencias para sentirte bien. En conclusión: haz lo que te dé la gana.

- *Por la boca muere el pez.* Nunca olvides ser prudente al hablar, pues desconoces los parentescos o relaciones de las personas que estén escuchándote en ese momento y las repercusiones que puedan ocasionar tus palabras.

- *Prefiero ser cabeza de ratón que cola de león.* Es interesante que seas alguien importante dentro de una comunidad, aunque se trate de un grupo reducido de gente.

- *Paciencia piojos, que la noche es larga.* El refrán puede analizarse desde dos puntos de vista. 1) Existen situaciones o momentos en la vida de toda persona que es preferible hacer las cosas dedicándoles un poco de tiempo; 2) En ocasiones vale más esperar, que adelantar acontecimientos o realizar acciones precipitadamente.

- *Por la noche, todos los gatos son pardos.* Bajo los efectos de la falta de luz es fácil pasar por alto los defectos o las imperfecciones de las personas. Nunca olvides que las apariencias engañan.

- *Perdiendo aprendí: más vale lo que aprendí que lo que perdí.* Siempre sacarás mayor partido y aprendizaje de los errores y las pérdidas que de los aciertos o las victorias.

- *Poderoso caballero es don dinero.* Pese a quien pese. Si tienes los bolsillos llenos, puedes lograr tus objetivos con mayor facilidad. Por suerte o por desgracia el dinero es necesario, y como dice una canción "...tanto tienes, tanto vales...".

- *Piensa el ladrón que todos son de su condición.* Las personas mal intencionadas piensan de forma negativa de los demás, pero en el fondo son ellos mismos los negativos... *nunca positivos.* En ocasiones, tanto tú como yo pensamos o sospechamos que la gente actúa de manera opaca. Reconócelo...

- *Para quien no sabe a dónde va, nunca habrá vientos favorables.* Si no se tienen las cosas claras, siempre se estará dando tumbos de un lado para otro. Define tus metas claramente.

- *Para llegar a la cooperación hay que salir de la dependencia y hacer noche en la rebeldía.* En la vida conseguirás grandes éxitos cuando te rodees de personas que formen un equipo fabuloso y todos estéis dispuestos a correr riesgos y sacrificios.

- *Pesadumbres no pagan deudas.* Vivir lamentándose o quejándose continuamente dificulta tu avance. Pasa a la acción superando esos obstáculos que te impiden ser feliz o realizarte.

- *Piensa mal y acertarás, (aunque alguna vez te equivocarás).* No te aconsejo que tengas mala opinión de la gente, pero algunas de tus malas opiniones acerca de los demás no van muy desencaminadas.

- *Por el hilo se saca el ovillo.* Si conoces la parte esencial de una persona, conocerás gran parte de su personalidad, creencias, gustos, cualidades y defectos.

- *Por un perro que maté, mataperros me llamaron.* Existe la mala costumbre de catalogar a las personas o sacar conclusiones categóricas de ellas por un único hecho o suceso.

- *Procura lo mejor, espera lo peor y toma lo que viniere.* La pro esperanza lastima el corazón. Haz todo lo posible para lograr tus propósitos, no seas excesivamente optimista y celebra cada logro por pequeño que sea.

Capítulo 16: Refranes Que Empiezan Por Q

- *Quien mucho abarca, poco aprieta.* Para empezar, no estoy de acuerdo. Hay gente para todo. Es cierto que quien quiere ser bueno en muchas cosas no suele serlo en ninguna. O quien desea realizar muchas actividades al mismo tiempo no lleva a buen término ninguna. Pero es cierto que sí existe gente capaz de realizar o cometer varias tareas con éxito.

- *Quien hace fiesta todos los días no tiene domingos.* La persona que gusta del ocio un día sí y otro también acaba por entrar en una monotonía sin cambios donde resulta muy difícil diferenciar entre una jornada y otra. Al final todos los días parecen iguales, el mismo. Debe ser algo parecido —salvando las distancias—, a lo que le sucede al protagonista de la película *"Atrapado en el tiempo"*. Eso sí, todos los días de fiesta... no pinta nada mal.

- *Que cada palo aguante su vela.* Cada persona debe resolver sus propios asuntos y ser responsable de sus actos o palabras. Coge la sartén por el mango y lucha por las tribulaciones del día a día.

- *Que se case, que alegra, aunque luego lleve la vida negra.* Una verdad como un templo. Y sino que se lo digan a más de uno o una... La vida en pareja no es fácil, pero es más que posible.

- *Que te den lo que no supe darte, aunque yo te lo haya dado todo.* Expresión propia de una persona hacia la que ha sido su media naranja, deseándole lo mejor y aclarando que ya lo ha recibido todo de él/ella. Denota un poco de rencor, la verdad.

- **Quien hambre tiene, en pan piensa.** Podemos darle dos sentidos. 1) La gente anhela lo que no posee; 2) Cuando alguien necesita algo de manera urgente, por necesidad, siempre lo tiene rondando en la cabeza.

- **Quien canta su mal espanta.** Muchos de los males de la vida los mitigarás con diversión o actividades con las que tendrás la mente ocupada en otra cosa distinta a tus problemas. Busca esos momentos mágicos que logran aislarte de la realidad.

- **Querer es poder.** La voluntad es muy poderosa; no la subestimes. A lo largo de la vida superarás la gran mayoría de problemas y alcanzarás los mayores logros gracias a la voluntad.

- **Quien a hierro mata a hierro muere.** Evita hacer el mal. Sufrirás en tus propias carnes el dolor causado a terceros.

- **Quien compra ha de tener cien ojos; a quien vende le basta uno solo.** Analiza cada adquisición con lupa; especialmente las de alta cuantía. Los pequeños detalles suelen hacer que lo que parecía una buena compra termine por ser nefasta. A la hora de vender es diferente. Ensalza las virtudes del producto o servicio todo lo que puedas y espera ofertas.

- **Quien con niños se acuesta, cagado se levanta. Quien con perros se echa, con pulgas se levanta.** No te arriesgues cuando no es necesario o lo pagarás con creces. Si te expones a situaciones de riesgo —aún a sabiendas de las repercusiones—, tienes una alta probabilidad de salir mal parado.

- ***Quien no castiga, malcría.*** La disciplina, en su justa medida, es imprescindible para no tener hijos maleducados que, seguramente, evolucionarán a cenutrios.

- ***Quien espera, desespera.*** La paciencia es una gran virtud. No tengas prisa, actúa con prudencia y discreción. Los resultados que tanto anhelas terminarán llegando.

- ***Quien hace la ley hace la trampa.*** Aplicable a todos aquellos que crearon las normas y las incumplieron o quebrantaron. Procura ser una persona legal.

- ***Quien domina a su cólera domina a su peor enemigo.*** Gran refrán. Cuando nos sacan de nuestras casillas somos capaces de mostrar lo peor de nosotros mismos. Por eso resulta un gran recurso el saber controlar la ira.

- ***Quien mal anda, mal acaba.*** Mantén tu vida en orden. Arriesga lo justo y no te mezcles con personas nocivas. Muchas veces uno se ahorra problemas si no los busca.

- ***Quien paga manda.*** Con un bolsillo holgado o el capital necesario detentarás el poder. Ya lo dijo Quevedo: *"Poderoso caballero es Don dinero".*

- ***Quien vive soñando, muere cagando.*** Ya lo sé, es un poco basto, pero arrastra mucha verdad en cada letra. Esperar siempre tiempos mejores conlleva dejar pasar la vida sin vivir el presente.

- *Quien poco tiene pronto lo gasta.* Cultiva tu educación financiera e incrementarás tu patrimonio, aprenderás a gastar con moderación y dominarás el ahorro. Hay una diferencia enorme entre vivir holgado o ahogado.

- *Quien por su gusto padece, (que) vaya al infierno a quejarse.* Hay cosas que no debes hacer... y lo sabes. Aunque disfrutes de un placer inmediato, intenso, pero pasajero. No te lamentes a posteriori, cuando lleguen las consecuencias y debas rendir cuentas.

- *Quien quiera saber, que compre un viejo.* Valora siempre la experiencia de las personas mayores. Todos envejecemos y todos hemos sido jóvenes alguna vez. Recuerda que la experiencia es un valor muy apreciado.

- *Quien da primero, da dos veces.* Adelántate, anticípate a los que pretenden lo mismo que tú. Esa ventaja inicial vale su peso en oro.

- *Quien todo lo quiere, todo lo pierde.* No menosprecies lo que ya posees en detrimento de nuevos logros. Un afán desmesurado por poseer algo o a alguien puede hacer que lo pierdas todo.

- *Quien quita lo que da al infierno va.* Es un gesto muy, muy feo conceder algo y luego reclamarlo. Por la razón que sea. Sé consecuente y da por perdido lo otorgado.

- *Quien dice lo que siente, ni peca ni miente.* Es cierto. La verdad te hace libre, pero es de sabios cultivar la prudencia por aquello de que las verdades ofenden.

- *Quien se pica, ajos come.* Usado cuando alguien replica un argumento o comentario de un tercero, al sentirse aludido.

- *Quien teme la muerte no goza la vida.* Tener miedo a lo irremediable nos priva de gozar el momento. Algo puedo asegurarte sin temor a equivocarme: ambos vamos a morir. Seguro. Por lo tanto, vive y no te preocupes por aquello que no puedes modificar. ¡Vamos a morir!

- *Quien debe y paga, descansa.* Salda tus deudas con la mayor prontitud posible. Gozarás más de la vida. Y —a modo de recomendación— resulta más aconsejable aún no adquirir deuda alguna.

- *Quien tiene din, tiene don.* El dinero todo lo puede (o casi todo). Nunca menosprecies su poder. Y ya sabes: haz caja.

Capítulo 17: Refranes Que Empiezan Por R

- *Riñen a menudo los amantes, por el gusto de hacer las paces.* Es bien sabido —y de no ser así te lo cuento— que las reconciliaciones entre amantes tras una riña suelen ser muy gozosas.

- *Rico de repente, o heredero, o mala gente.* La riqueza que llega pronto no es por la gracia de Dios. Tal y como reza el refrán, o te llega de parte de alguien que consiguió tal patrimonio o usas malas artes para enriquecerte.

- *Renovarse o morir.* Cambia de vez en cuando los aspectos de tu vida en el terreno profesional, personal, familiar o sentimental. El mundo cambia constantemente. Evita permanecer anclado en el pasado. Vive acorde a los nuevos tiempos.

- *Rápido y bien no siempre marchan juntos.* La mayoría de las cosas buenas que encontrarás en la vida requieren de paciencia. Cultiva esta virtud y vivirás más feliz, más tranquilo.

- *Recibir es mala liga, que el que toma a dar se obliga.* Nadie da nada por nada; o casi nadie. Ten bien presente que si recibes, alguna vez deberás ser tú el que dé.

- *Reinos y dineros no quieren compañeros.* Cuando hay riqueza o posesiones de por medio las amistades y los lazos de consanguinidad desaparecen. Nunca lo olvides.

- *Reniego del amigo que cubre con las alas y muerde con el pico.* Rodéate de personas que te aprecien y que aprecies de verdad. Desconfía de las amistades que se acercan por conveniencia y luego te critican a la espalda u obran en contra de tus intereses.

- *Reprende las vidas ajenas con buen ejemplo y no con dicho ni cuento.* Si has de dar ejemplo, que sea con el tuyo propio. Los vendedores de humo ya no engañan a nadie. Predica con lo que haces tú, demuestra tus palabras con hechos y tendrás credibilidad.

- *Resbalón y tropezón, avisos de caída son.* Presta atención. En ocasiones la vida te avisa de futuros contratiempos. Aprende a interpretar las señales y evitarás más de una desgracia.

- *Rico es el que nada desea y el que nada debe.* Si eres independiente sin obedecer a nadie, sin necesidad de recurrir a los demás, y te conformas con poco, puedes decir que posees una vida rica y libre.

- *Ruin que se convida, deja a todos sin comida.* Atento a los buitres que desean todo para ellos por encima de quien sea. Mantén a raya a este tipo de personajes.

Capítulo 18: Refranes Que Empiezan Por S

- *Si al hablar no has de agradar es mejor callar.* Es recomendable pensar las cosas antes de decirlas. Dependiendo de las formas, puedes perder la razón aún siendo acreedor de la misma u ofender en exceso.

- *Se parece al padre, honra a la madre.* Mientras no se demuestre lo contrario, aquí y en Australia paren las mujeres. Por lo tanto, sólo la mujer es parte segura de la concepción, ya que lleva en sus entrañas al futuro bebé. De ahí que si al nacer es clavadito al padre, se evitan comentarios jocosos de quienes intentan implicar al fontanero, al butanero o al electricista.

- *Si te he visto no me acuerdo.* Te vendrá muy bien para ignorar a personas que ya no merecen tu confianza o que desean tu discreción. Carpetazo con esas relaciones y a otra cosa mariposa.

- *Suele caerse la paciencia cuando la cargan de injurias.* Las mentiras son difíciles de soportar y quien las sufre termina, normalmente, defendiendo su honor o el de la persona ofendida. No permitas que te humillen; defiende tu honorabilidad y la de los tuyos.

- *Se dice el pecado, pero no el pecador.* No desveles el nombre de quien cometa un mala acción. Descubre y critica el hecho, pero no adjuntes la identidad de la persona implicada. Está mal visto.

- *Si vale la pena hacerlo, vale la pena hacerlo bien.* Las cosas importantes de verdad, o se hacen bien o no se hacen. En estos casos no escatimes en recursos humanos o materiales.

- **Santa Rita, Rita, Rita, lo que se da ya no se quita.** Como dueño de algo que has regalado a un tercero, no deberás reclamarlo nunca. Si te desprendes de la propiedad en cuestión, lo haces para siempre.

- **Siempre llueve sobre mojado.** Muy usado cuando no se aporta nada nuevo a un suceso, una opinión o una relación. En definitiva, más de lo mismo.

- **Si no puedes con tu enemigo, únete a él.** Harás bien en conocer tus limitaciones. Piensa qué opciones tienes a la hora de enfrentarte a un enemigo que te supera y, en consecuencia, elige la solución menos nociva.

- **Siempre pagan justos por pecadores.** Juzga a las personas de manera individual; no generalices. Discrimina a las personas responsables de los dichos o hechos indebidos para evitar ser injusto con los inocentes.

- **Socorro tardío, socorro baldío.** Presta la ayuda en el momento más oportuno para quien deba recibirla. Si tardas demasiado, puede que cuando llegue ya no sea necesaria.

- **Si las leyes desconoces acabarán dándote coces.** Te guste o no, estás sometido a unas leyes y reglas sociales. Puedes decidir pasar de las mismas, pero ten por seguro que ellas no pasarán de ti.

- **Sobre gustos no hay nada escrito.** Eres libre de opinar o anhelar lo que quieras. Cada persona tiene su propio criterio o preferencia y resulta absurdo comparar, pues lo que es bueno, bonito o barato para uno puede ser todo lo contrario para otro.

- *Sarna con gusto, no pica.* Usado cuando decides seguir un camino determinado o tomas una decisión en concreto que puede acarrearte problemas, pero a pesar de ello decides no cesar en tu empeño.

- *Suegra, abogado y doctor... cuanto más lejos mejor.* Mantente alejado de las personas dañinas para tu equilibrio emocional que, a su vez, repercute en tu salud.

- *Sin bolsa llena, ni rubia ni morena.* Nadie vive de amor. El dinero puede traerte muchos problemas, pero la falta del mismo atrae muchas y mayores complicaciones.

Capítulo 19: Refranes Que Empiezan Por T

- *Tanta paz lleves como descanso dejas.* Siempre hay personas que incordian y se alimentan creando cizaña y polémica. Con este refrán se pretende resaltar la idea de que se desea al prójimo de naturaleza cargante, nada más y nada menos, que lo que se merece.

- *Tras la tempestad, viene la calma.* No dejes que el pesimismo se imponga al optimismo. No hay mal que dure cien años. O lo que es lo mismo: para que haya malos tiempos debe haber buenos, y viceversa.

- *Tiempo pasado traído a la memoria, da más pena que gloria.* A medida que cumples años recordarás el pasado con añoranza y tristeza. Hay una tónica general de recordar el pasado con nostalgia, pensando que cualquier tiempo pasado fue mejor.

- *Tanto tienes, tanto vales.* No lo olvides nunca: la gente, generalmente, tendrá un trato u otro contigo dependiendo de tu poder adquisitivo. ¿O no estás harto de ver cómo la gente dora la píldora a algunos famosos y ricos que tienen un carácter insoportable?

- *Taberna sin gente, poco vende.* Es de cajón. La caja debe sonar muchas veces para que siga incrementando su contenido. La falta de clientes supone la falta de ingresos, de ganancias. Y si no hay ganancias, no hay negocio.

- *Tarea que agrada presto se acaba.* Todo aquello con lo que disfrutas será más rápido de realizar. El tiempo

—o al menos la percepción del mismo— no pasa igual con las cosas buenas que con las cosas malas.

- *Todos los caminos llevan a Roma.* Recuerda siempre que puedes conseguir un objetivo siguiendo distintas estrategias o vías. No existe una única forma de hacer o conseguir las cosas.

- *Tanto va el cántaro a la fuente, que al final se rompe.* Sé cauto y no arriesgues. Evita exponerte al peligro o a situaciones que puedan acarrearte problemas. Si te la juegas demasiado, tarde o temprano puedes salir perjudicado.

- *Tetas de mujer tienen mucho poder. Tiran más dos tetas que dos carretas.* Los hombres pierden la cabeza y la sensatez ante los distintos atributos del sexo opuesto. El hombre tiene diez veces más testosterona que la mujer; está demostrado. Mantén los pies en la tierra y desfoga tus fantasías sexuales con moderación. No arruines tu vida por unos minutos de placer.

- *Te vendrán pesares sin que los buscares.* No siempre está en tus manos que la alegría, la desgracia, la fortuna o la pobreza llamen a tu puerta. Aparecen en tu vida aunque intentes evitarlo por todos los medios posibles.

- *Tirar la piedra y esconder la mano.* Muy apropiada para quienes crean cizaña o cometen alguna falta y huyen o eluden responsabilidades. También puede significar que alguien agasaja a la cara y critica por la espalda.

- *Tripa vacía, corazón sin alegría.* Comer y beber son necesidades básicas. Es imposible ser feliz o estar alegre sin las necesidades vitales cubiertas.

- *Tu vino, tu mujer y tu caballo, para ti solo gozarlo, y, por eso, no alabarlo.* Mantén con prudencia ante la sociedad tus elementos más preciados y personas más queridas. No los alabes en demasía o los envidiosos intentarán arrebatártelos o destruir tu felicidad.

- *Tanto peca el que mata la vaca como el que le agarra la pata.* El castigo debe recaer sobre el autor de los hechos y, también, sobre los cómplices implicados.

- *Tenemos dos ojos para ver mucho y una boca para hablar poco.* Analiza los contextos, la gente y los momentos antes de verbalizar algo de lo que debas arrepentirte por impulsivo.

- *Tiempo malgastado, nunca recobrado.* Jamás encontrarás mayor activo en la vida que el tiempo. Dale el valor que merece; el tiempo jamás se recupera. Cotiza cada minuto de tu vida como se merece.

- *Todos somos iguales en el nacer y en el morir, aunque no sea en el vivir.* La educación y la riqueza determinará tu vida, ya que el alumbramiento y la muerte son más similares entre los humanos.

Capítulo 20: Refranes Que Empiezan Por U

- *Una manzana al día del médico te libraría.* Existe la creencia de que comer este fruto reporta consecuencias muy saludables. De hecho, la manzana es una fruta que produce más quema de calorías que las que se ingesta.

- *Una paz es mejor que diez victorias.* Evita siempre que puedas las contiendas. No es buena idea ampliar tu lista de enemigos. Busca la salida menos perjudicial para ambas partes.

- *Un médico cura, dos dudan y tres muerte segura.* La recomendación que predica es la de no acudir mucho al médico. Y previene de liarte con demasiadas opiniones o diagnósticos.

- *Una buena capa todo lo tapa.* Las apariencias engañan. Es posible disimular los defectos y parecer aquello que realmente no se es. Mantén despiertos todos tus sentidos; hay mucho impostor por la vida.

- *Un grano no hace granero, pero ayuda al granjero.* La educación financiera, el ahorro y los pequeños detalles te permitirán alcanzar algunas metas que jamás pensaste conseguir. Sé constante y lograrás tus propósitos con mayor facilidad.

- *Unos nacen con estrella y otros nacen estrellados.* La suerte no es igual para todo el mundo. Hay quien la busca y consigue encontrarla muchas veces, y quien la busca y — en la mayoría de los casos— le da la espalda. Te deseo que formes parte del primer ejemplo.

- *Una cosa es predicar y otra dar trigo.* No es lo mismo dar consejo y mantenerse al margen que tomar las riendas del problema y enfrentarse a él.

- *Un loco jamás deja la casa en paz.* Si convives o tienes contacto constante con personas desequilibradas, jamás hallarás el sosiego. Protégete de quienes descargan sus penas constantemente.

- *Una retirada a tiempo es una victoria.* Debes ser conocedor de tus límites para, a su vez, saber cuando debes abandonar un proyecto, relación o situación que nunca deberá reportarte beneficios o alegrías.

- *Unos tienen la fama y otros cardan la lana.* Muy común entre los listos. Hay quien realiza el trabajo y otros son los que recogen los beneficios o alabanzas. Huye de los aprovechados que sacan tajada a costa de tu trabajo.

- *Un niño es cera, y se hará de él lo que se quiera.* En la edad temprana es fácil manipular las creencias y sentimientos de los infantes. Nunca lo olvides cuando eduques o eduquen a tus hijos.

- *Un abogado listo, te hará creer lo que nunca has visto.* La gente con picaresca y conocimientos son capaces de encandilar al más pintado. Atento a todos los detalles.

- *Una cosa piensa el caballo y otra el que lo ensilla.* Dependiendo del estatus que ocupes en un grupo social tendrás una visión de las cosas u otra.

- *Un buen vino hace mala cabeza.* Las cosas buenas debes disfrutarlas con moderación para no caer en excesos que posteriormente debas lamentar. Salvo en ocasiones especiales donde proceda celebrar.

- *Un clavo saca otro clavo.* Se aplica en asuntos del corazón. Defiende la teoría de que un mal hace olvidar a otro que está dañando en demasía. Te suena, ¿verdad?

- *Una buena acción es la mejor oración.* Obra más y aconseja menos. Si deseas ayudar a alguien de corazón, no te andes con rodeos y ayúdale con hechos, no con palabras.

- *Una imprudente palabra, nuestra ruina a veces labra.* Mantén la cautela en situaciones delicadas y piensa lo que vas a decir antes de hablar. Si puede acarrearte problemas, mantén la boca cerrada.

- *Una mentira bien echada, vale mucho y no cuesta nada.* La verdad puede hacer mucho daño. En ocasiones la mentira puede estar justificada, si evita el dolor de un tercero.

- *Unos tanto y otros tan poco.* En la vida no todos disfrutamos o poseemos lo mismo. Refrán muy usado por los envidiosos. Si deseas cambiar tu suerte, mueve ficha. Nadie lo hará por ti.

Capítulo 21: Refranes Que Empiezan Por V

- *Vísteme despacio que tengo prisa.* Cuando nos urge algo o necesitamos *"finiquitar"* un asunto de inmediato, más nos vale afrontar con tranquilidad el tema, antes de cometer cualquier error que provoque un agravamiento del mismo. Haz las cosas con calma; sin prisa, pero sin pausa.

- *Vida sin amigos, muerte sin testigos.* Si no tienes amigos, carecerás de apoyo en las situaciones más difíciles de tu vida. La vida es un camino que debes recorrer acompañado, no en solitario.

- *Ver la paja en el ojo ajeno y no la viga en el propio.* No prestes tanta atención a los defectos ajenos y procura ser objetivo con los tuyos. Incluso pueden ser peores que los del prójimo. Un poco de humildad y autocrítica nunca viene mal.

- *Vecina de portal, gallina de corral.* Al menos en España. Las vecinas cotorrean en el portal y critican a los ausentes sin pudor alguno. Podría proponerse como deporte nacional.

- *Ven más cuatro ojos que dos.* Es más fácil ver los detalles de las cosas con otras personas. Tú podrías pasar por alto más de uno. En compañía, las posibilidades de errar disminuyen.

- *Víbora que chilla no pica.* Preocúpate de las personas misteriosas que no se muestran con claridad y se reservan las opiniones. Probablemente no son de fiar. Ignora lo justo a quienes alardean a voz en cuello de lo que son capaces de hacer. Seguramente son capaces de hacer la mitad de la mitad de la mitad de lo que pregonan.

- *Visitas, pocas y cortitas.* No abuses de la hospitalidad de la gente. Molesta lo justo, sé agradecido y detallista. Cualquier exceso puede traerte problemas o la pérdida de la relación cordial que disfrutabas con esa persona.

- *Viva cada uno como quisiere y yo como pudiere.* Haz y deja hacer; vive y deja vivir. Céntrate en tu camino y no estés continuamente pendiente del resto del mundo.

- *Vivo, serás criticado, y muerto, olvidado.* Hagas lo que hagas siempre habrá alguien que te critique o que hable mal de ti. Por tanto, vive cada segundo de tu vida sin pensar en lo que digan los demás. Nadie la va a vivir por ti. Y una vez hayas muerto... ya nada importa.

Capítulo 22: Refranes Que Empiezan Por Z

- *Zapatero a tus zapatos.* Cada uno a lo suyo y en su terreno; en aquello que domina o le compete. No te entrometas en los temas de terceros ni quieras aparentar una experiencia en algo de la que careces.

- *Zapato de tres, del primero que llegue es.* No olvides que compartir algo o alguien no es fácil. Si estás muy interesado en la persona o la cosa en cuestión, espabila y no dudes o alguien más avispado se te adelantará.

- *Zorra vieja huele la trampa.* No subestimes la experiencia de quienes tienen años encima. La experiencia es un grado valiosísimo. La experiencia aviva el ingenio y te hace aprender. Valórala como se merece.

- *Zorro dormilón no caza gallinas.* La holgazanería, el despiste y la falta de ambición no te harán alcanzar tus sueños. Ponte las pilas y construye tu propio futuro.

- *Zurciendo y remendando, vamos tirando.* Poco a poco y con trabajo alcanzarás objetivos, conseguirás esas metas que te plantees. Persiste en tu empeño.

- *Zurrón de mendigo, nunca henchido.* La ausencia de recursos es común entre las personas que sufren pobreza y no saben cómo salir de la misma. Te deseo la mayor de las suertes y que nunca caigas en la miseria.

Printed in Great Britain
by Amazon